阳光体育运动丛书

U0732268

举 重

JU ZHONG

主编 赵利明 兴树森

审订 宫本庄

吉林出版集团有限责任公司

图书在版编目（CIP）数据

举重/赵利明主编.–长春：吉林出版集团有限责任公司，2007.11
（阳光体育运动丛书）
ISBN 978–7–80720–968–3

Ⅰ.举… Ⅱ.赵… Ⅲ.举重–青少年读物 Ⅳ.G884–49
中国版本图书馆CIP数据核字（2007）第163912号

举重

主编　赵利明　兴树森
出版发行　吉林出版集团有限责任公司
印刷　北京市平谷县早立印刷厂
2008年8月第1版　2015年6月第9次印刷
开本　787×1092mm 1/32　印张　2.5　字数　36千
ISBN 978–7–80720–968–3　定价　15.00元
社址　长春市人民大街4646号　邮编　130021
电话　0431–85618717　传真　0431–85618721
电子邮箱　tiyu717@126.com
版权所有　翻印必究
如有印装质量问题，请寄本社退换

《阳光体育运动丛书》编委会

名誉主任　孙麒麟

主　　任　宛祝平

编　　委　（按姓氏笔画排列）

支二林	方志军	王宇峰	王晓磊	冯晓杰
田云平	兴树森	刘云发	刘延军	孙建华
曲跃年	吴海宽	张　强	张少伟	张铁民
李　刚	李伟亮	李志坚	杨雨龙	杨柏林
苏晓明	邹　宁	陈　刚	岳　言	郑风家
宫本庄	赵权忠	赵利明	赵锦锦	潘永兴

举　重

主　　编　赵利明　兴树森

副 主 编　徐睿卿

编　　者　赵利明　兴树森　徐睿卿

审　　订　宫本庄

序　言

　　2007 年 4 月末，教育部、国家体育总局、共青团中央联合启动"全国亿万学生阳光体育运动"。这是我国新时期加强青少年体育锻炼、增强青少年体质的重要战略举措，得到了全国各地各级各类学校的积极响应和广大青少年学生的热情参与。目前，这一惠及亿万学生的群众性强身健体运动已经在全国形成了浩大声势。

　　民族复兴，体育同行。近世中国，面对民族危难，仁人志士坚信"少年强则中国强"，号召新青年"文明其精神，野蛮其体魄"。新中国成立后，党和政府十分重视青少年的健康成长，在学校教育中明确提出了"健康第一"的指导思想。当今世界，体育水平已成为衡量社会文明进步的一项重要指标。

　　重智育、轻体育，重营养、轻锻炼的倾向，将严重阻碍青少年素质的全面发展。开展阳光体育运动的目的，就是号召和组织广大青少年学生走向操场、走进大自然、走到阳光下，积极参加体育锻炼，养成体育锻炼的良好习惯，提高体质健康水平。

　　盛世奥运，举国同辉。在北京奥运会来临之际，吉林体育学院组织专家编写的这套《阳光体育运动丛书》，从青少年学生体育活动的实际出发，行文简明，结构合理，文图并茂，洋洋 100 册，基本涵盖了青少年适合从事的体育活动的各个方面。相信本书的出版，一定能够为阳光体育运动的广泛深入开展，起到积极的辅助作用，为帮助广大青少年进行体育锻炼，提供有益的帮助。

乔立仁

阳光体育运动丛书

举重

目录

阳光体育运动丛书

举重
目录

第一章 概述

举重运动是通过各种方式和方法举起重物，来增强体质、发展力量的运动项目。举重动作方式多种多样，发展至今已不下百余种，从广义上讲，包括竞技举重、健美运动、力量举重3个运动竞赛项目。本书各部分将着重介绍竞技举重的内容，即抓举和挺举，以及一些相关的辅助动作。

第一节 起源与发展

举重运动起源于古希腊。18世纪末竞技举重开始兴起，经过长时间的演变，发展成现在的举重形式。从国际举重联合会成立后，举重进入了不断的发展、提高和创新的时期。

一、起源

在人类历史上早就有通过举重练习来发展力量的活动。古希腊人通过举石头来锻炼和测试人的体力。在古埃及，从举着粗大木棍的大力士塑像上可以看出，当时举重也被当做了一个运动项目。中国举重运动也有着悠久的历史，远在2000多年前，就有关于举重活动的记载。

18世纪末，竞技举重开始兴起，最初盛行于欧洲。19世纪80年代初期，英国和美国开始致力于组织国际性的举重竞赛活动。

中国古代举重运动的发展，是与生产劳动、军事斗争以及武艺的发展密切相关的，它是古代劳动人民壮体强身、提高武艺的有效手段。汉以前有举鼎，晋代以后翘关逐渐代替了举鼎。明清两代沿用了唐朝的武举考试制度，其中包括举重科目，并把翘关改为了举石，其动作性质有如现在的硬拉。

二、发展

举重是很好的健身运动项目，在世界范围内得到了广泛的开展，同时，举重方法也在不断地演变。

（一）国际

1896年，在希腊雅典举行的第1届奥运会上，举重是九个正式竞赛项目之一，这是第一次正式的国际举重比赛。

从1896年的第1届奥运会和1898年的第1届世界举重锦标赛开始，到1920年为止，国际举重比赛分别沿着奥运会和世界锦标赛两条线各自进行。

1928年在荷兰阿姆斯特丹举行的第9届奥运会上，举重竞赛改为双手推、抓、挺举三种方式。

目前，举重比赛采用抓举和挺举两种比赛方式。

（二）中国

新中国成立后，体育运动得到了蓬勃的发展，举重运动也日益广泛地开展起来。举重不仅成为广大群众喜爱的一项运动，也成为其他运动项目发展力量的重要手段。

　　1956年6月7日，中国56千克级运动员陈镜开，在上海以133千克的成绩打破了美国运动员温奇保持的这个级别的挺举世界纪录，使举重成为中国体育史上第一个创造世界纪录的运动项目。陈镜开也成了中国第一个世界纪录的创造者。

　　20世纪80年代，中国男子举重运动重新崛起后，技术水平不断提高。进入90年代后，中国举重运动水平继续提高，1995年7月第21届青年男子世界举重锦标赛在波兰华沙举行，共有48个国家和地区的240名运动员参加了比赛，中国最终获得男子团体总分第二名。

　　20世纪80年代，随着国际女子举重运动的发展，中国于1984年也开展了女子举重运动。同年9月，山东省成立了中国第一支女子举重队，中国女子举重运动由此进入快速发展时期。

第二节　特点与价值

　　举重运动易于开展，强度可以自行调节，对提高身体素质和发展心智都有着积极的作用，而且还有助于各国之间、人与人之间进行文化交流。

一、特点

举重运动容易开展，可根据年龄、性别和体重的不同而进行不同组别的练习和比赛。

(一)需要负重练习

举重运动最基本的特点是需要负重练习，由于这一特点的存在，使得举重运动的用力方式、技术，以及各器官系统机能的变化和疲劳、恢复等方面，均表现出一定的特殊性。

(二)按年龄、性别分组，按体重分级进行比赛

人的力量大小与年龄、性别有密切的关系，所以举重运动是按年龄、性别分组进行比赛的。男子13～17周岁为少年组，18～20周岁为青年组，20周岁以上为成年组。

(三)容易开展

举重的场地、器材和装备，一般来说比较简单，灵活性较大，所以这项运动比较容易开展。

二、价值

举重运动具有增强身体素质、锻炼意志、促进体格
健壮、发展体能和增进健康等价值。

（一）增强身体素质

举重运动有助于练习者掌握提、举、负、运重物的
基本劳动技能，提高身体的基本活动能力。

（二）锻炼意志

进行举重练习时，总要反复地举起负荷很大的重
量，这就需要一定的毅力，而且要终年不懈，持之以
恒。这可以帮助练习者培养勇敢、顽强、坚毅、果断和
勇于克服困难等意志品质。

（三）促进体格健壮，发展体能，增进健康

经常练习举重，能够有效地增强骨骼、肌肉、肌腱
和韧带等运动器官，提高内脏器官特别是心血管系统和
呼吸系统的机能；同时，中枢神经系统的机能也能够在
运动中得到相应的改善。

第二章 运动保护

生命在于运动"，但是盲目、不科学的运动非但不能起到强身健体的作用，反而会给身体带来一定的伤害。只有掌握体育锻炼的一般性生理卫生知识，科学地进行体育锻炼，才能起到健身强体、防病治病的作用。

第一节　生理卫生

青少年在进行举重运动时，除了应进行一般性的身体检查和必要的咨询外，还要注意培养运动兴趣和把握适当的运动强度。

一、培养运动兴趣

在举重运动前，首先必须培养自己对举重运动的兴趣。培养对举重运动的兴趣方法有很多，如观看举重比赛，与同学、朋友练习举重等。有了浓厚的兴趣，就能自觉地投入到举重运动之中，从而得到理想的体育锻炼效果。

二、把握运动强度

青少年进行举重运动，主要是在举重运动的过程中增强体质，提高健康水平，而不是为了创造运动成绩，所以运动强度不宜过大。控制运动强度最简单的办法是测定运动时的脉搏。一般对青少年来说，运动时的脉搏控制在每分钟140次左右较为合适。

活动时运动强度小，运动时间就应相对延长，每天活动时间以半小时以上为宜。对于刚参加举重运动的人来说，一开始活动的时间宜短不宜长，以后随着身体功能的适应，运动时间可以逐渐延长。

第二节 运动前准备

运动前进行充分的准备活动，对于青少年来说是非常重要的。一些青少年举重运动爱好者，常常不重视运动前的准备活动，导致各种运动损伤，影响运动效果，也容易失去对举重运动的兴趣，甚至造成对举重运动的畏惧。因此，青少年在举重运动前，必须做好充分的准备活动。一般来说，准备活动主要应考虑内容、时间和运动量等问题。

一、内容

准备活动可分为一般准备活动和专项准备活动。一般准备活动主要是一些全身性的身体练习，如跑步、踢腿、弯腰等。一般性准备活动的作用在于提高整体的代谢水平和大脑皮层的兴奋状态，减少运动损伤的发生。

专门性准备活动是指与所从事的体育锻炼内容相适应的动作练习。

下面介绍一套一般性准备活动操，供青少年运动前使用。这套活动操主要包括头部运动、肩部运动、扩胸运动、体侧运动、体转运动、髋部运动和踢腿运动等。

1.头部运动

头部运动的动作方法（见图2-2-1）是：

两手叉腰，两脚左右开立，做头部向前、向后、向左、向右，以及绕环运动。

2.肩部运动

肩部运动的动作方法（见图2-2-2）是：

手扶肩部，屈臂向前、向后绕环，以及直臂绕环。

3.扩胸运动

扩胸运动的动作方法（见图2-2-3）是：

屈臂向后振动及直臂向后振动。

4.体侧运动

体侧运动的动作方法（见图2-2-4）是：

两脚左右开立，一手叉腰，另一臂上举，并随上体向对侧振动。

5.体转运动

体转运动的动作方法（见图2-2-5）是：

两脚左右开立，两臂体前屈，身体向左、向右有节奏地扭转。

6.髋部运动

髋部运动的动作方法（见图2-2-6）是：

两脚左右开立，两手叉腰，髋关节放松，做向左、向右360度旋转。

7.踢腿运动

踢腿运动的动作方法（见图2-2-7）是：

两臂上举后振，同时一腿向后半步，然后两臂下摆后振，同时向前上方踢腿。

图2-2-1

图2-2-2

图2-2-3

图2-2-4

图2-2-5　　　　　图2-2-6　　　　　图2-2-7

二、时间和运动量

　　准备活动的时间和运动量随体育锻炼的内容和量而定，由于以健身为目的的体育运动量较小，所以准备活动的量也相对较小，时间也不宜过长，否则，还未进行体育锻炼身体就疲劳了。半小时的体育锻炼，准备活动时间一般以10分钟左右为宜。

第三节　运动后放松

　　进行剧烈的举重运动后，有些青少年习惯坐在地上，或是直接躺下来休息，认为这样可以快速消除疲劳，其实不然。这样做的结果不仅不能尽快地恢复身体功能，反而会对身体产生不良影响，正确的做法应该是运动后做一些整理活动，放松身体。

在运动后放松时，应注意以下几个问题：

(1)做一些放松跑、放松走等形式的下肢运动，促进下肢静脉血的回流，防止体育锻炼后心血输出量的过度下降；

(2)在下肢活动后进行上肢整理活动，右臂活动后做左臂的整理活动，通过这种积极性休息，使身体功能得到尽快恢复；

(3)整理活动的量不要过大，否则整理活动又会引起新的疲劳；

(4)在进行整理活动时，应当保持心情舒畅、精神愉快的感觉。

第四节 恢复养护

人体在运动后，除采用休息和积极性体育手段加速身体功能的恢复外，还可以根据举重运动的特点，补充不同的营养物质，以尽快消除疲劳。

举重运动结束后，人体内会产生一种叫做乳酸的酸性物质，它的积累会造成机体的疲劳，使恢复时间延长。所以，我们在举重运动后，应多补充一些碱性食物，如蔬菜、水果等，而动物性蛋白等肉类食品偏"酸"，在运动后的当天可适当减少。

第三章 场地、器材和装备

举重运动是一项很艰苦的运动，具有很强的观赏性和挑战性。这项运动对场地、器材和装备都有很高的要求。场地是举重运动开展的前提，而良好的器材和装备是举重者发挥较高水平的必要保证，并能尽量减少运动伤害的发生。

第一节 场地

一般情况下，举重训练都要在健身房里进行，要有专门的训练器械和保护设施，以免在训练中发生运动伤害。

一、规格

举重台长4米、宽4米、台高80～150毫米。

二、设施

台面四周必须画50毫米宽的彩色边线。如果举重台上安放橡胶板，则必须和台面保持完全平整。

三、要求

举重台可用木料、塑胶或其他坚固的材料制成，但台面不得涂有润滑涂料。

第二节　器材

　　举重比赛用的器材主要是杠铃，它在规格和材质方面都需符合一定的要求。

一、规格

（1）横杠重量为20千克，长度为2200毫米，横杠直径为
　　　28±0.03毫米，套筒直径为50±0.02毫米；

（2）杠铃片呈圆盘形（见图3-1-1），　25千克片为红色，
　　　20千克片为蓝色，15千克片为黄色，10千克片为绿
　　　色，5千克片为白色，2.5千克片为黑色，1.25千克
　　　片、0.5千克片和0.25千克片均为白色。

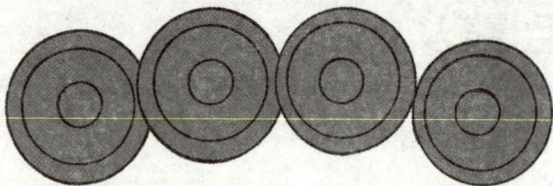

图3-2-1

二、材质

杠铃由横杠、杠铃片和卡箍三部分构成。横杠、卡箍和杠铃片都是铁质的，杠铃片外面包有橡胶。

第三节 装备

举重比赛的装备包括举重服、举重鞋和一些护具。

一、举重服

举重比赛运动员必须穿举重服。举重服式样为紧身衫连裤。男运动员必须穿护身或紧身三角裤，女运动员必须戴胸罩、穿紧身三角裤。举重腰带须系在举重服外，宽不得超过120毫米（见图3-3-1）。

图3-3-1

17

二、举重鞋

举重鞋是平底的，鞋底外沿到鞋帮的距离不得超过5毫米，鞋帮高不得超过130毫米(见图3-3-2)。

图3-3-2

三、护具

(一)举重手套(见图3-3-3)

举重手套是皮质的。使用时在手套表面擦上防滑粉，可以防止在举起大重量时脱手。

图3-3-3

（二）助力带（见图3-3-4）

助力带须系在举重服外，最宽处不得超过120毫米。腰带或服装内均不准垫用它物。

图3-3-4

（三）护腕（见图3-3-5）

护腕用于勒紧手腕处，防止手腕过度弯曲所引起的受伤。

图3-3-5

第四章 基本技术

举重技术就是用力的技巧，即运动员最大限度地充分利用自身的体能和杠铃的弹力及重力，举起最大杠铃重量的技巧。因此，用力过程中的实效性、经济性和合理性是衡量竞赛动作的客观标准，符合这三项标准的技术就是正确的技术。举重的基本技术包括技术原则、抓举技术和挺举技术。

第一节 技术原则

在举重过程中要注意动作的实效性、经济性和合理性，遵守一定的技术原则。举重基本技术的应用，必须遵循以下原则：

(1)在做各个标准动作的过程中，人体重心、杠铃重心和两足所构成的支撑面中心，这三点应接近垂直或垂直(见图4-1-1)，在上举杠铃的过程中，使杠铃尽量贴身；

(2)在举杠铃的过程中，杠铃应加速运动，并在发力阶段达到最大速度；

(3)根据动作的要求，应在举杠铃的个别阶段缩短杠铃的行程；

(4)在举杠铃过程中，肌肉的用力应具有最大的协调性。

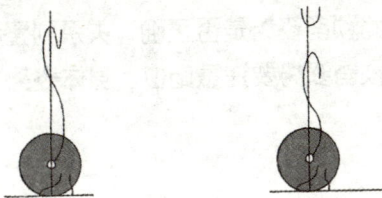

图4-1-1

第二节 抓举技术

抓举是一个快速、连续不断地将杠铃从举重台上提到两臂、在头上伸直的动作。当两腿伸直、两脚站在一条横线位置上保持稳定状态时表示抓举动作完成。根据《举重规则》，在抓举过程中，杠铃不能触及膝盖以上的身体部位，不能停顿，不能推举，而只能以连续上拉的动作举起杠铃。抓举的完整技术动作包括预备姿势、开始提铃、发力、下蹲支撑与起立、放下杠铃和呼吸方法。

一、预备姿势

预备姿势的任务是为试举做好准备，使身体各个部位处于有利于开始提铃的姿势。由于抓举是一个快速连续不断的动作，后一个动作阶段是以前一个动作阶段为基础的，因此预备姿势是否正确，关系到整个动作的成功与失败。预备姿势要注意站位、身体姿势、握距和握法等。

（一）站位

正确的站位，应该能使两膝自然外展，腿部肌肉放松，身体重心接近杠铃，并且在上拉时可使下肢肌肉力量充分发挥和集中，在下蹲时便于两脚向不同方向分出。确定站位的动作方法（见图4-2-1）是：

(1)走近杠铃，两脚位于横杠的中部，使横杠接近两脚支撑面中心和身体共同重心线；

(2)两脚尖略向外自然分开，两脚掌间距与髋关节相同，两膝盖随脚尖方向分开，大小腿间的夹角约为90～110度，小腿紧贴横杠；

(3)腿力如果较大，而踝、髋和膝关节的柔韧性较差，两脚间的距离可适当加大一些，相反，如果腿力小而髋、膝和踝关节的柔韧性较好，可将两脚间的距离适当减小。

图4-2-1

(二)身体姿势

两脚站立妥当后，保持正确的身体姿势，动作方法（见图4-2-2）是：

(1)两臂自然伸直，两肩放松下垂；

(2)两手平均地握住杠铃，采用两手虎口相对的正握杠；

(3)为了增加握杠的牢固性，可在手上擦些镁粉以增大摩擦力。

图4-2-2

(三)握距

　　握距是指握杠时两手之间的距离，主要有中握、窄握和宽握三种。抓举的握距一般比较宽，采用较宽的握距可以缩短杠铃上举的距离，便于迅速伸臂支撑，下蹲时重心较低，容易维持平衡。确定握距的动作方法(见图4-2-3)是：

(1)上体前倾，两手握杠屈臂拉起至上臂与肩平时，如果上臂与前臂夹角为直角，则为中握；

(2)如果上臂与前臂夹角小于直角，则为窄握；

(3)如果上臂与前臂夹角大于直角，则为宽握。

图4-2-3

(四)握法

握杠方法主要有锁握、普通握和空握3种。

1.锁握

锁握是最牢固的握法，动作方法(见图4-2-4)是：

食指和中指压住拇指。

2.普通握

普通握的牢固性较次于锁握，动作方法(见图4-2-5)是：

拇指压在食指和中指上。

3.空握

空握的牢固性较差，只适用于举石担或横杠等较粗的器械，动作方法(见图4-2-6)是：

五指并拢握杠。

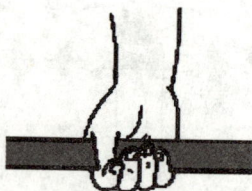

图4－2－4

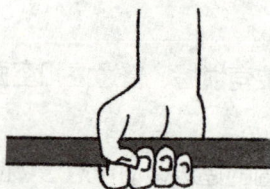

图4－2－5

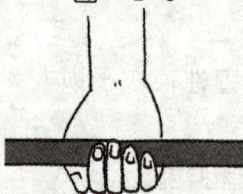

图4－2－6

二、开始提铃

开始提铃的任务是利用伸膝、伸髋的力量给杠铃一定的初速度，向上运动到适宜的高度，为发力创造最有利的条件。按照肌肉用力的顺序和性质，开始提铃可分为3个阶段。

（一）第一阶段

第一阶段的动作方法（见图4-2-7）是：

(1)当预备姿势做好后，首先应该调整呼吸，先呼气，然后再吸大半口气；

(2)在吸气的同时，开始收紧腰背部的伸脊柱肌肉，使肩胛骨固定，从而加强躯干的支撑作用；

(3)吸气和收缩腰背肌在时间上要配合协调；

(4)随着腰背肌的收紧，腿部伸肌也同时开始用力收缩；

(5)臀部上提，肩部随臀部的提高而升高，此时膝关节有了一定程度的伸展；

(6)当肩部开始提拉时，杠铃开始离开举重台；

(7)伸膝肌群不停地继续用力收缩，膝关节向后上方运动；

(8)膝关节的角度增大，但杠铃上升的距离不长，只到膝关节前下面，平均距离为15～20厘米。

图4-2-7

(二)第二阶段

　　第二阶段继续利用伸膝力量，并开始用伸髋力量，使杠铃沿垂直方向上升，动作方法(见图4-2-8)是：

(1)伸髋肌已被拉长，膝盖基本不再阻碍杠铃沿垂直方向向上运动，此时收缩伸髋肌，使上体逐渐提起来；

(2)上体前倾角度比预备姿势时更大，阻力臂加长，此时伸髋肌的工作条件较差，不能付出最大的力量；

(3)杠铃上升的速度相对举重台的压力略有减小；

(4)当膝关节伸展到最大限度时，这一阶段结束；

(5)在这一阶段，杠铃上升距离更短，只有10厘米左右。

图4-2-8

(三)第三阶段

在第三阶段，杠铃从膝前上方继续上升到大腿上三分之一处的瞬间，膝关节的角度由大变小，再度回屈，髋关节的角度由小变大，使上体伸展。动作方法(见图4-2-9)是：

(1)当横杠达到膝部高度的瞬间，上体前倾度很大，肩关节和髋关节都离开杠铃中心较远；

(2)整个杠铃重量完全落在前倾的上体和肩带上；

(3)随即开始向后上方抬起上体，伸展髋关节；

(4)躯干上抬、髋关节前移，使膝盖前移至横杠下方，造成再次弯曲；

(5)横杠上升到大腿中上部，肩关节处在横杠前上方，两臂下垂伸直持铃，挺胸、紧腰、抬头，全脚掌着地支撑，小腿略向前倾，身体的重心接近前脚掌；

(6)引膝结束以后，身体各部分都处于快速用力的状态，为发力创造最佳条件。

图4-2-9

三、发力

发力是在引膝的基础上，伸髋、伸膝肌群适当拉长以后，立即以爆发式的用力作用于杠铃。发力的任务是在很短的时间内，充分发挥出肌肉的最大力量，使杠铃获得向上运动的最大加速度以便上升到必要的高度，为下蹲支撑创造良好的条件。动作方法（见图4-2-10）是：

(1)以爆发性的用力收缩做急剧蹬腿、伸髋、伸展躯干、耸肩、提肘和提踵动作，上拉杠铃；

(2)蹬腿和伸髋（引膝后继续伸髋）同时进行，接着伸展躯干、耸肩、提肘与提踵，这些连续协调的用力动作都必须在瞬间完成；

(3)必须使整个身体充分伸展，两肘贴身提高；

(4)身体在充分伸展的情况下，在很短的时间内及时转入下蹲；

(5)以快速蹬腿和伸髋为基础，带动整个身体加快向上伸展，使杠铃获得最大的向上速度；

(6)蹬腿和伸髋是发力的中心，发力时提踵可增大发力强度，提高杠铃位置和起下蹲的过渡作用，这一动作必须十分短促，否则会影响下蹲的速度；

(7)积极耸肩提肘，可增大发力的强度，还能控制杠铃
贴身运动，并对身体起制动作用，使身体在充分伸
展后及时转入下蹲。

图4-2-10

四、下蹲支撑与站立

下蹲支撑的任务是，发力后借杠铃提供上升的机
会，使身体迅速向杠下屈膝蹲低以缩短上举杠铃的距
离，及时地甩直两臂在头顶上方支撑杠铃，两臂伸直后
迅速起立、站稳，整个抓举动作基本完成。下蹲支撑与
起立的方式包括下蹲式支撑与起立和箭步式下蹲支撑与
起立。

（一）下蹲式支撑与起立

下蹲式支撑是借两脚左右分开深屈膝，使身体重心

降低的一种下蹲方式，这能够平均发挥两腿的力量，能比箭步式举起更重的重量，但其支撑的稳定性比较差，对腿力要求比较高，要求下肢各关节和肩关节、脊柱都有较好的柔韧性。下蹲式支撑与起立的动作方法（见图4-2-11）是：

(1)在发力结束的瞬间，杠铃产生上升的惯性，此时使身体迅速向横杠下屈膝蹲低，两臂及时伸直，同时以用前臂和翻腕动作将杠铃支撑在头顶上方；

(2)下蹲动作应紧接在发力提踵的一瞬间开始，此时杠铃已处于惯性动作，整个下蹲动作必须在极短的时间内积极迅速地完成；

(3)下蹲支撑时，两脚可以向两侧均衡分开屈膝下蹲，两脚间的分开距离约与肩同宽；

(4)下蹲时，必须将臀部压近脚跟，并使小腿向脚尖方向压低，上体略向前倾，成挺胸紧腰的姿势，以固定脊柱；

(5)头部随着上体前倾略抬起，两眼视前上方，同时将杠铃直臂支撑在头部后上方，使重心落在脚掌支撑面的中心，形成稳固的支撑；

(6)当下蹲快结束时，两前臂甩直的瞬间必须有一个锁肩动作，即两前臂在头顶向外翻转甩直，同时使两个肩胛骨向脊柱收紧，这样可使肩带和背部肌肉收紧，防止肩带和两臂移动；

(7)当锁肩动作完成，下蹲即结束；

(8)随即从下蹲中起立，使身体由深蹲直臂持铃状态中平稳地站起来，以便最后完成抓举的动作。

图4-2-11

(二)箭步式下蹲支撑与起立

箭步式下蹲是借两腿前后分开而使身体重心降低去支撑杠铃，动作方法（见图4-2-12）是：

(1)前后分腿时，由于后脚经过路线比前脚长，后脚要比前脚先离地，但是后脚又不能过早离地，否则会影响发力效果，使重心向支撑腿移动；

(2)然后两脚腾空，腾空后两脚前后分开，继而着地；

(3)此时上体急速地降到横杠下方，肩带和臀部都向前移；

（4）同时，前腿向前用力屈膝，并做甩前臂和翻腕的动作，使杠铃后移，身体进入横杠下面以支撑杠铃；

（5）起立时，首先将前腿向后蹬直，然后前腿退后半步，后腿向前靠拢成直立状态；

（6）在蹬直前腿时，上体和杠铃也随之后移，否则杠铃重心就会偏前。

图4-2-12

五、放下杠铃

放下杠铃的动作方法（见图4-2-13）是：

（1）起立后，全身直立，两臂伸直；

（2）裁判员发出放下的信号后，先屈臂将杠铃逐渐降低至胸前，略屈膝蹲低，再向下翻腕将杠铃靠近身体放下；

（3）放杠铃时要求平稳轻放，两手必须随杠铃下降，严禁随意扔放杠铃。

图4-2-13

六、呼吸方法

抓举是一个连续不断的动作，用力很短促，所以一般都是在憋气的状态下进行的。抓举过程中的呼吸方法是：

在开始提铃前先吸气，在憋气的瞬间提铃，直到从下蹲中起立至两腿、两臂伸直的稳定状态时，再换气呼吸。

第三节 挺举技术

挺举是力量与速度相结合的动作，比抓举能举起更大的重量，但是整个过程比较复杂，完成一次动作的持续时间较长，机体的负荷较大，需要运动员具备准确的动作、良好的力量和速度、勇猛顽强的意志等素质。挺举技术包括提铃至胸、上挺、放下杠铃和呼吸等紧密相连的阶段。

一、提铃至胸

提铃至胸是一个连续的动作，将杠铃从举重台上提至胸上后，随即站立，两足站在一条横线位置上，两腿伸直。提铃至胸有下蹲式和箭步式提铃至胸两种方式。

（一）下蹲式提铃至胸

下蹲式提铃至胸简称下蹲翻，它的主要特点在于发力后能最大限度地降低身体重心，缩短杠铃行程，能比箭步式提起更重的杠铃，动作可分解为预备姿势、开始提铃、发力、下蹲支撑与起立等阶段。

1.预备姿势

预备姿势的动作方法（见图4-3-1）是：

(1)两脚和两腿的位置、上体和头部的姿势、握法，均
　　与抓举的预备姿势大致相同；

(2)不同的是，挺举的握距比抓举的窄，提杠时上体的
　　前倾度要比抓举小，两手间的握距大都采用与肩部
　　同宽的普通握距；

(3)腕、肘、肩关节的柔韧性较差者，握距可适当放宽些。

2.开始提铃

　　　开始提铃的任务是为发力做好准备，其用力方法
与抓举相同，按照肌肉用力顺序的先后，可分成三个阶
段，动作方法(见图4-3-2)是：

(1)呈预备姿势后，由伸膝带动下的起臀和升肩动作使
　　杠铃离开举重台，并基本沿垂直方向上升到膝部前
　　下面，这一阶段完全依靠伸膝的力量来完成，简称
　　伸膝阶段；

(2)杠铃从膝关节的前下方上升到膝关节上，并靠继续
　　伸膝和开始伸髋的力量来完成，这一阶段称为膝髋
　　并伸阶段；

(3)靠继续伸髋、展体和屈膝，使杠铃由膝上再上升至
　　发力前，这一阶段简称为伸髋引膝阶段。

3.发力

　　　发力的动作方法(见图4-3-3)是：

(1)以爆发式的用力做出伸髋、蹬腿和耸肩、举踵动
作，将杠铃提至接近小腹高度；

(2)随即以更快的速度，并以充分地伸髋、蹬腿为主，
积极配合耸肩、举踵和提肘，使横杠达到齐腰高
度，并使身体重心贴近横杠，有利于身体及时进入
杠下。

4.下蹲支撑与起立

　　发力后，杠铃依靠惯性向上运动，这时应迅速下蹲
将杠铃提至胸上后立即起立，动作方法(见图4-3-4)是：

(1)下蹲应在发力举踵的瞬间开始；

(2)两臂在开始下蹲时要以耸肩带提肘，使横杠提起至
齐腰高度的瞬间，立即以肩为轴出肘，使两肘快速
地由后经体侧向前转动，使横杠稳稳地放在胸锁骨
及肩部三角肌上；

(3)下蹲的动作一定要迅速、果断。

图4-3-1

图4-3-2

图4-3-3

图4-3-4

(二)箭步式提铃至胸(见图4-3-5)

箭步式提铃至胸简称箭步翻。箭步翻是采用前后分腿进行提杠至胸动作的一种方式,在分腿支撑时杠铃和身体重心比下蹲翻的重心高，杠铃的运行路线长，因此举的重量轻。但是下肢力量和柔韧性差、而伸髋和屈臂力量强的人仍采用箭步翻。

箭步翻的预备姿势、开始提杠铃、发力和分腿下蹲的腿部动作均与箭步式抓举的动作基本相同，而分腿下蹲的上肢躯干动作和杠铃放的位置与下蹲翻的上肢动作相同，所不同的仅是前屈腿屈膝较浅，膝盖不超出脚尖线，便于小腿伸肌用力，能够支撑较大的重量。

箭步翻的起立动作与箭步式抓举一样，先蹬直前出腿，同时后出腿用力蹬地，然后前出腿后退半步，后出腿向前靠上，左右脚对称站好，呈上挺的预备姿势。

图4-3-5

二、上挺

上挺是借助下预蹲和上挺发力，将置于胸上的杠铃举过头顶至两臂伸直，两脚收回站在同一条横线上，保持静止状态。上挺是由预备姿势、预蹲、上挺发力、下蹲支撑与起立四个紧密相连的阶段组成。

(一)预备姿势

预备姿势的任务是为预蹲和上挺做好准备，动作方法(见图4-3-6)是：

(1)持铃起立后，首先调整好呼吸和杠铃的位置以及两脚间的距离，两脚外侧的距离应与肩同宽，两脚尖略外分呈倒八字；

(2)腰背收紧，挺胸收腹，头部正直，略收下颌，保持上体垂直站立；

(3)两臂适度放松，两肘略抬起，使杠铃停放在锁骨和两肩三角肌上；

(4)杠铃和身体重心垂线应通过髋部，落在踝关节前面两脚的后三分之一处。

图4－3－6

(二)预蹲

预蹲动作是在上体、头部和臀部保持原有姿势不变和杠铃固定在原来位置上的瞬间进行的，主要任务是给上挺发力创造最佳条件，是上挺动作的重要环节，特点是动作节奏性强、技术复杂，动作方法(见图4－3－7)是：

(1)动作开始时，两膝沿脚尖的方向弯曲，臀部向脚跟方向垂直下沉；

(2)身体和杠铃的联合重心的垂线，在整个预蹲过程中应落在两脚掌的后三分之一处；

(3)屈膝的角度和下蹲的深度要适中。

图4－3－7

(三)上挺发力

上挺发力的任务是，在最短的时间内全身爆发出最大的力量，使杠铃获得最大的上升速度并上升到必要的高度，为下蹲分腿支撑创造条件，动作方法(见图4-3-8)是：

(1)在制动预蹲结束的瞬间，快速地伸膝、伸髋、屈踝和伸臂动作，使身体获得一个足够的支撑反作用力；

(2)由伸膝、伸髋带动屈踝(起踵)、夹臀和伸臂；

(3)在整个用力过程中，伸膝是向后上方的，而伸髋和屈踝是向前上方的，只有协调配合，才能产生向上的最大力量；

(4)发力时，上体保持垂直，杠铃位置固定，胸廓形状不变，这样上体才能承受来自上、下的强大压力，并通过其稳固的支撑传至横杠。

图4-3-8

(四)下蹲支撑与起立

　　下蹲支撑的任务是降低身体重心，缩短杠铃运动的距离，及时地使两臂伸直在头顶上方，以支撑住杠铃，然后收腿起立，两脚站稳在一条横线上，待裁判员发令后再放下杠铃。下蹲支撑与起立的方式有箭步式和半蹲式下蹲与起立。

1.箭步式下蹲与起立

　　发力后，两腿采用前后分开的方式下蹲，称为箭步式，动作方法(见图4-3-9)是：

(1)在上挺发力即将结束的瞬间，利用杠铃获得的加速度，迅速地前后分腿下蹲，果断地将身体下降到横杠下，通过降低身体重心来缩短上挺的距离；

(2)在杠铃上升到最高点尚未回降的瞬间，立即伸直两臂，并迅速锁肩，将杠铃稳固地支撑在头顶上方；

(3)分腿下蹲时，以身体的垂直轴为中心线，两脚前后分开的距离要平均；

(4)后脚略先出，速度快，前脚略慢出，向前搓步；

(5)后腿蹬直或略屈，使脚尖着地支撑，脚跟提起稍向外，前脚脚尖向里，前小腿和地面呈垂直状态；

(6)在分腿下蹲开始，即要迅速抬上臂，随即在朝后上方伸缩的同时，头部、肩带、躯干和臀部迅速、及时地进入横杠下，并使两肘贴近耳旁，肩胛内收，锁紧两肩，牢固地支撑住杠铃；

(7)然后立即蹬直前腿，收回半步，后腿再向前靠上一步，两脚平行站稳；

(8)起立时注意支撑牢固，重心平稳，一定要在两肩锁牢杠铃后再收腿。

2.半蹲式下蹲与起立

发力后采用两脚向侧分的方式下蹲，称为半蹲式。半蹲式两脚的前后距离较小，不利于支撑和平衡，但这种方式完成下肢支撑的时间较短，有利于上挺。动作方法(见图4-3-10)是：

(1)分腿时，躯干以上的动作和分腿时间与箭步式一样；

(2)两脚向侧分开；

(3)由于重量大、重心高、支撑面小，起立时特别需要将肩肘锁紧，腰背肌收紧，如果重心不稳，可通过移动下肢来调整；

(4)两腿伸直后保持静止。

图4-3-9

图4-3-10

三、放下杠铃

上挺动作完成后，放下杠铃，动作方法（见图4-3-11)是：

（1）屈臂将杠铃放下；

（2）当杠铃接近胸上时再屈膝，以缓冲杠铃回降的压力；

（3）然后翻腕转肘，将杠铃贴身、平稳地放在举重台上。

图4-3-11

四、呼吸

挺举的呼吸方法是：

(1)提铃前先做深呼吸；

(2)预备姿势做好后，在提铃前吸气，但不要吸足，随即憋住气提铃；

(3)在上拉和下蹲起立过程中，都保持憋气；

(4)站直起立后立即换气，然后做短促的吸气(吸半口气)；

(5)再次憋住气，做预蹲上挺和下蹲支撑起立；

(6)两脚收回在一条横线上时换气。

第四节 举重辅助练习方法

举重辅助练习方法有直腿抓、高抓、宽高翻、悬垂抓和垫铃抓、窄握抓、不下蹲宽拉、宽拉、直立宽拉和直立抓、俯卧拉、弓身、挺身、体侧屈和侧拉、抓举支撑深蹲、颈后宽挺蹲、颈后宽推和颈后宽借力推、深蹲、箭步蹲、力量推、卧推等。

一、直腿抓

　　直腿抓练习对发展抓举上拉力量，特别是对发展伸髋、伸展躯干、上提肩带、屈前臂的力量有较大的作用，动作方法（见图4-4-1）是：

(1)同抓举相似，发力后充分展体和提肘将杠铃抓起，而不做屈膝下蹲；

(2)也可以从膝上和膝下不同角度开始做动作，或站在垫木上做动作。

图4-4-1

二、高抓

高抓练习常用于提高抓举的技术和发展抓举上拉的爆发力，动作方法（见图4-4-2）是：

（1）下蹲深度为半蹲，其他要领均同抓举；

（2）也可以从膝上和膝下不同角度开始悬垂提铃动作，或站在垫木上做提铃动作。

图4-4-2

三、宽高翻

宽高翻练习对发展抓举的上拉力量，特别对发展伸髋、展体、上提肩带和屈前臂的力量有较好效果，动作方法（见图4-4-3）是：

采用举的宽握距，作为抓举的辅助动作。

图4-4-3

四、悬垂抓和垫铃抓

　　悬垂抓和垫铃抓练习能保持发力前的正确角度，两臂自然伸直牵引住杠铃，杠铃重心容易落在支撑面中心，容易做出发力和下蹲支撑的配合动作，对提高抓举的发力和下蹲支撑的技术，发展抓举上拉的爆发力有较好效果，动作方法（见图4-4-4）是：

　　根据需要将杠铃提高或垫高到膝下或膝上的高度做动作，其他动作均同抓举。

图4-4-4

五、窄握抓

窄握抓练习延长两臂和杠铃的运动路线，增加了难度，对发展抓举的上拉力量和提高抓举的技术、平衡能力与关节柔韧性有较好效果，动作方法（见图4-4-5）是：

用同肩宽或略宽于肩的握距做下蹲抓，其他要领同抓举。

图4-4-5

六、不下蹲宽拉

不下蹲宽拉练习能使身体充分伸展，发力后仍可继续用力，使肌肉充分收缩，对发展上拉力量，特别是伸髋、展体、上提肩带和屈前臂的力量有较大作用，动作

方法(见图4-4-6)是:

　　　与抓举提铃动作相似,发力后不做屈膝半蹲,而充分展体、伸髋、耸肩、提肘、提踵,整个身体直立成反弓形,将杠铃拉至胸线部位。

图4-4-6

七、宽拉

　　　宽拉练习主要发展抓举的上拉力量,提高抓举提铃的发力和下蹲配合的技术,动作方法(见图4-4-7)是:

(1)同抓举提铃动作相似,当杠铃提到大腿中上部时,全身骤然用力,迅速做出屈体、伸髋、蹬腿、耸肩、提肘和提踵等一系列动作,使杠铃加速上升,身体随之做半蹲动作,同时顺势提肘;

(2)要注意上拉的高度和速度,重量不宜过重,一般采用抓举最高重量或比抓举最高重量轻10千克左右的重量为宜。

图4-4-7

八、直立宽拉和直立抓

直立宽拉和直立抓练习主要用于发展上提肩带和屈前臂的肌肉力量，提高抓举的耸肩、提肘技术，动作方法（见图4-4-8）是：

(1)直立宽拉：身体直立，两臂伸直下垂宽握杠铃，然后耸肩、提肘将杠铃拉至胸线部位，杠铃要贴身；

(2)直立抓：开始姿势同直立宽拉，然后耸肩、提肘、伸前臂、翻腕将杠铃抓起。

图4-4-8

九、俯卧拉

俯卧拉练习主要用于发展伸上臂、屈前臂、内收肩带的肌肉力量，动作方法（见图4-4-9）是：

(1)俯卧在长凳上，两臂伸直下垂持铃，屈臂将杠铃拉起靠近凳底面；

(2)也可做俯立拉，上体前屈成水平状态站立，或将前额顶住山羊（或鞍马），两臂伸直下垂持铃，屈臂将杠铃拉起靠近腹部；

(3)拉时不要抬上体和屈腕，两肘靠近体侧。

图4-4-9

十、弓身

弓身练习主要用于发展伸展躯干和伸髋的肌肉力量，动作方法（见图4-4-10）是：

(1)两臂持铃于颈后，两腿开立约与肩宽，身体直立，
  腰和腿收紧，上体慢慢前屈，臀部后移（像鞠躬），
  使上体成水平状态，然后向上挺直身体；

(2)可做直腿或屈腿弓身，也可坐在凳上做坐弓身。

图4－4－10

十一、挺身

挺身练习主要用于发展伸展躯干和伸髋的肌肉力量，动作方法（见图4－4－11）是：

(1)俯卧在山羊或鞍马上，两脚固定在肋木间，两手在颈后固定杠铃，做体前屈与挺身起；

(2)前屈时速度要慢些，挺身起要充分，身体成反弓形。

图4－4－11

十二、体侧屈和侧拉

体侧屈和侧拉练习主要用于发展躯干侧屈的肌肉力量，动作方法（见图4-4-12）是：

(1)体侧屈：身体直立，两腿开立约与肩同宽，肩负杠铃做左右体侧屈；

(2)侧拉：两腿伸直分开站立，一手提铃，做体侧屈；

(3)做时手臂要伸直，身体尽量向侧下方弯曲，两侧轮换练习；

(4)也可侧卧在长凳或山羊上，固定两腿，做侧卧起。

图4-4-12

十三、抓举支撑深蹲

抓举支撑深蹲练习主要用于提高抓举下蹲支撑力

量、平衡能力和关节的柔韧性，动作方法（见图4-4-13）是：

(1)用抓举握距直臂支撑杠铃，做深蹲与起立动作；

(2)可将杠铃放在架上或由他人帮助拉起杠铃来做，也可做退让抓举支撑深蹲。

图4-4-13

十四、颈后宽挺蹲

颈后宽挺蹲练习基本上同抓举支撑深蹲，可提高下蹲支撑的协调性，动作方法（见图4-4-14）是：

(1)用抓举握距颈后持铃，身体直立，挺胸别腰，然后略屈膝下蹲，蹬腿发力将杠铃挺起，随即迅速屈膝下蹲，伸直两臂支撑住杠铃；

(2)下蹲支撑住杠铃后，也可向前后移步；

(3)这个动作在运动状态中完成，肌肉由放松转入紧张，对肌肉用力的协调性和关节的柔韧性要求较高，为了避免肌肉和关节受伤，要充分做好准备活动，开始可先用体操棒或轻杠铃练习，注意加强保护。

图4-4-14

十五、颈后宽推和颈后宽借力推

颈后宽推和颈后宽借力推练习主要用于发展抓举两臂和肩带的支撑作用，动作方法（见图4-4-15）是：

(1)颈后宽推，用抓举的握距将杠铃从颈后推起至两臂伸直，也可以坐在凳上做；

(2)颈后宽借力推采用抓举握距，杠铃置于颈后，而预备姿势、预蹲和发力的要领与上挺基本相同，发力后两腿和两臂伸直支撑住杠铃。

颈后宽推　　　　　颈后宽借力推

图4—4—15

十六、深蹲 ▶▶▶

　　深蹲练习是挺举的主要辅助动作，主要用于发展伸膝和伸髋的肌肉力量，以及躯干的支撑力量，动作方法（见图4—4—16）是：

(1)将杠铃放置胸上的(两肩和锁骨上)为前蹲，将杠铃放置肩上的为后蹲；

(2)做动作时应保持腰背挺直，抬头收腹，平稳屈膝下蹲；

(3)根据需要可采用不同的速度(快速、中速、慢速、反弹)，不同的站距(窄、中、宽)，不同的伸腿动作(外展、内收、正常)来做。

图4-4-16

十七、箭步蹲

箭步蹲练习主要发展伸膝、伸髋、屈小腿的肌肉力量，对发展上挺的支撑力量也有效，动作方法（见图4-4-17）是：

胸前或颈后持铃，前后箭步分腿，做蹲低与升高动作，也可做箭步行进。

图4-4-17

十八、力量推

力量推练习主要用于发展上挺的两臂力量和上挺的夹肘、抬肘技术，动作方法（见图4-4-18）是：

(1)提铃至胸用高翻，预备姿势基本同上挺，所不同的是两臂自然下垂靠近体侧，用两臂力量将杠铃贴近面部从胸上推起至两臂伸直；

(2)力量推有各种不同做法，如出髋推、推哑铃等，出髋推的做法是两臂用力上推杠铃时，向前下方送髋，推起杠铃至两臂伸直后，上体回到垂直姿势。

力量推

出髋推

推哑铃

图4-4-18

十九、卧推

做卧推时肩胛骨固定，两腿蹬地，因此，卧推的重量要比站立推重得多。蹬腿挺腰的卧推又要比平卧的卧推重得多。窄握夹肘的卧推对发展肱三头肌力量有利；宽握分肘的卧推对发展胸大肌、三角肌有利；窄握夹肘的卧推较易于结合上挺的技术。卧推练习的动作方法（见图4-4-19）是：

(1)仰卧在卧推架上，将杠铃推离卧推架，两臂伸直支撑住杠铃，慢慢将杠铃放在胸部，两臂靠近体侧，挺胸、别腰，然后向肩带上方推起杠铃至两臂伸直；

(2)如无卧推架，可用卧推凳代替，但要有两位同伴站在杠铃两端进行帮助和保护。

图4-4-19

第五章 比赛规则

　　没有规矩不成方圆，运动的乐趣一方面来源于运动技巧，另一方面在规则的指导下，合理规范的进行体育锻炼，可以让锻炼者得到极大的充实与满足感。举重比赛要按照一定的程序进行，还要有裁判进行监督判罚，才能确保比赛的公平性，使比赛顺利进行。

第一节　程序

举重比赛要按照赛前制定好的秩序册进行，主要包括参赛办法和比赛方法。

一、参赛办法

(一)运动员条件

(1)凡发育健全并有一定专项训练基础的人，均可参加竞赛；

(2)凡参加竞赛的运动员，必须有身体检查合格证；

(3)青少年运动员须持有出生证明；

(4)女运动员须持有性别检查证明；

(5)少年组年龄为13～17岁；

(6)青年组年龄为18～20岁；

(7)成年组年龄为21岁以上；

(8)男女运动员年满15岁可参加全国比赛。

(二)比赛级别

1.男子级别

男子举重竞赛可按运动员体重分为下列10级：

(1)54千克级：体重不超过54千克；

(2)59千克级：体重54.01～59千克；

(3)64千克级：体重59.01～64千克；

(4)70千克级：体重64.01～70千克；

(5)76千克级：体重70.01～76千克；

(6)83千克级：体重76.01～83千克；

(7)91千克级：体重83.01～91千克；

(8)99千克级：体重91.01～99千克；

(9)108千克级：体重99.01～108千克；

(10)108千克以上级。

2.女子级别

女子举重竞赛可按运动员体重分为下列9级：

(1)46千克级：体重不超过46千克

(2)50千克级：体重46.01～50千克；

(3)54千克级：体重50.01～54千克；

(4)59千克级：体重54.01～59千克；

(5)64千克级：体重59.01～64千克；

(6)70千克级：体重64.01～70千克；

(7)76千克级：体重70.01～76千克；

(8)83千克级：体重76.01～83千克；

(9)83千克以上级。

（三）竞赛规则

1. 抽签

抽签在技术会议上进行。按大会秩序册顺序，各队参赛运动员进行一次性抽签。所抽得的签号决定运动员称量体重的顺序和试举顺序。抽签时，不分级别，签号数量根据大会参赛运动员人数确定。

2. 称量体重

运动员在该场竞赛前2小时开始称量体重。称量时间为1小时，过时作弃权论。

3. 试举顺序

重量轻的运动员先进行试举。第一次试举重量相等时，按签号决定顺序，签号小者先举。在第二、三次试举中，如试举重量相等则按前一次的试举顺序进行。

4. 加重原则

杠铃重量是逐渐增加的，试举重量必须是2.5千克的倍数，破纪录试举必须是0.5千克的倍数。每次试举成功后必须增加至少2.5千克。场上杠铃重量不得低于27.5千克。

5. 更改试举重量

运动员要求改变试举重量，必须在最后一次点名前提出。在来不及填卡的情况下，教练员或运动员可口头要求改变重量，但每次试举的重量只能更改两次。

6.试举时间

　　记录员点名后，允许有1分钟的间歇时间，最后半分钟发出信号；如果连续试举，允许有2分钟的间歇时间。

7.破纪录规定

　　任何一次试举成功的重量超过该项纪录0.5千克或0.5千克的倍数，即承认为新纪录。新纪录一旦创造，其他人不得以同样重量破该纪录。总成绩必须超过原纪录2.5千克即承认新纪录。

8.名次评定

　　在抓举或挺举的三次试举中举起最高的一次重量，即为单项成绩，名次按成绩来确定。总成绩名次以抓举和挺举的总和来确定。如成绩相等时，比赛前体重轻者名次列前。如成绩和体重又相等时，则以先举起该重量的运动员名次列前。

二、比赛办法

(一)抓举

　　运动员将杠铃平行地放在两小腿前面，两手虎口相对握扛，以一个连续动作把杠铃从举重台上举至两臂在头上完全伸直。

（二）挺举

运动员以一个连续动作把杠铃从举重台上提置肩际，两腿平行伸直保持静止状态，先屈腿领蹲，接着用伸腿、伸臂动作将杠铃举起至两臂完全伸直，两腿收回平行保持静止。

第一节 裁判

在举重比赛过程中，要有裁判员进行监督判罚和组织比赛，确保比赛的公平性和顺利进行。

一、裁判员

举重竞赛时，由总裁判、副总裁判、裁判员、记录长、副记录长、记录员、检录员、计时员、加重员、公布员、报告员和医生等负责进行裁判和临场工作。工作人员的人数根据竞赛规模而定，他们之间可互相兼任。重大竞赛应把裁判人员分成两组，由正、副总裁判分别领导，轮班工作。

（一）裁判员权利

　　各级举重裁判员享有以下权利：

（1）参加全国各级举重裁判工作；

（2）参加中国举重协会组织的裁判员学习和培训；

（3）监督本级裁判组织执行各项裁判员制度；

（4）接受比赛主办单位支付的劳动报酬；

（5）对于举重裁判队伍中的不良现象有检举权；

（6）对于本级裁判组织做出的技术处罚，有向上一级裁
　　判主管部门申诉的权利。

（二）裁判员义务

　　各级举重裁判员应当承担下列义务：

（1）培养和坚持良好的职业道德，在举重比赛中公正执法；

（2）钻研举重项目规则和裁判法；

（3）培训和指导下一级裁判员；

（4）承担中国举重协会指派的裁判任务及担任下一级举
　　重比赛裁判工作；

（5）配合中国举重协会进行有关裁判员执法情况的调查

二、评判程序

（1）竞赛前参加称量运动员的体重，注意运动员的服

装、护具是否合规定；

(2)竞赛开始前，裁判员入场后，须将裁判员证书提交仲裁委员会主席；

(3)检查电子裁判信号器；

(4)竞赛中判定运动员的动作是否正确，如已正确完成应立即发令；

(5)若在试举中出现明显犯规动作，裁判员应立即按红灯，令其放下杠铃；如未采用电子裁判信号器，发现犯规动作的裁判员应立即举手示意，当判断已构成多数时，裁判应立即发信号让运动员停止试举；

(6)如运动员在上举杠铃过程中转移方向，裁判员可起立到能看到的位置观察动作，随后回原位发信号；

(7)竞赛时，注意加重员加的重量是否正确，杠铃在台上的位置是否适当；

(8)竞赛结束后，裁判员向仲裁委员会领回裁判员证书，并在成绩记录表、破纪录证明单等表格上签字。

三、规则

在抓举比赛中，要求选手伸直双臂，用一次连续动作将杠铃举过头顶。

　　在挺举比赛里,选手需要先将杠铃置于双肩之上,身体直立,然后再把杠铃举过头顶。运动员要等到裁判判定站稳之后才能算成绩有效。

　　比赛按抓举、挺举的顺序进行。每场比赛运动员共有6次试举机会,抓举3次,挺举3次。试举重量由运动员自己选定,增加重量必须是2.5千克的倍数。

　　奥运会比赛只计算抓举和挺举的总成绩,如总成绩相同则赛前体重轻者列前,如再相同,则以赛后即称体重轻者列前。

四、犯规

　　两种举式的犯规动作有:

(1)从悬垂状态提铃;

(2)提铃过程中有停顿;

(3)除两足外,身体任何部位触及举重台;

(4)在完成动作时,两臂伸展不平均或不完全;

(5)伸展臂部过程中有停顿;

(6)用推举完成动作;

(7)起立时臂有屈伸;

(8)在试举中离开举重台,即让两脚触及台外地方;

（9）在裁判员发令前将杠铃放下；

（10）在裁判员发令后杠铃从身后落下，或故意从身前挥
　　　下；

（11）未能使两足站在与杠铃和躯干的平面相平行的同一
　　　横线上来完成动作；

（12）放铃时，未能使杠铃整体接触举重台；

（13）抓举时，在完成动作中横杠触及头部；

（14）挺举翻铃转肘之前横杠触及胸部；

（15）翻铃时肘、上臂触及大腿或膝部；

（16）上挺前两腿未伸直；

（17）屈膝上挺未完成动作；

（18）上挺前有意使杠铃颤动。